Ein Jeder
trägt
sein Köfferchen,

mit der ihm eig'nen Uhr

Dieses Baeredel-Buch gehört:

Bibliografische Information durch
Die Deutsche Bibliothek:
Die Deutsche Bibliothek verzeichnet diese Publikation in
der
Deutschen Nationalbibliografie; detaillierte bibliografische
Daten sind im Internet über https://portal.dnb.de/opac.htm
abrufbar.

Verlag:
BoD · Books on Demand GmbH, Überseering 33,
22297 Hamburg, bod@bod.de
Druck:
Libri Plureos GmbH, Friedensallee 273, 22763 Hamburg

ISBN
978-3-7597-7549-8

BAEREDEL - BUCH
Ein Jeder trägt sein Köfferchen...
mit der ihm eig'nen Uhr...
- ZEIT – AUS – LESE -

Ein junger Mensch denkt
meist
nicht dran:

selbst
wird er alt

   vielleicht…?

auch irgendwann…

      Denn Sicherheit

          <u>für</u>
     <u>langes Leben</u>
         <u>und</u>
    <u>immer jung</u>

    kann keiner geben…

Zusammen zählt man
Jahr für Jahr
... schnell ist
die Zehnerreihe da...

Volljährig

nennt man dieses dann
so heißt`s von Stund' an:

"Frau" und "Mann"...

Und...?

Ruckzuck
ist die Zeit dahin...
man denkt nicht dran...
von Anbeginn...

Wendest noch so wehmutsvoll
den Blick...

...es kommt doch

niemals mehr?

Wirklich ?

niemals mehr
die Zeit zurück...

Der Ast, auf dem man sitzt,
den sägt man
bekanntlich
nicht ab…

Wer aber glaubt,
der Ast fällt nicht,
der sägt…

und nach seinem Absturz
glaubt er, dass alles andere
daran schuld sein muss…?

oder…
ist erst der Fall

seine Rettung?

Ein Schmetterling

kommt viel
und leichter
weit umher...

als eine Kuh,
die ist zum Fliegen
viel zu schwer...

So kennt er auch
mehr Blumen
vielleicht...

als eine Kuh,
die sie auch gar nicht
erreicht...

...könnte man so glauben...?

Schwarz Geld Druckmaschinen

können auch
in staatlichen Ratskellern...
das Bruttosozialprodukt
nicht sicher abdecken...

Schuld-ner
überragen um Kopfeslängen... ???

Kopfgeld...?

...ist aber
eine andere Sache...

Lustig ist es nicht...

Für manches ist
ein Pfennig
oftmals viel
zu wenig...

und doch:

manchmal
bringt er Manchem Glück

genau
im selben Augenblick...

So bleibt es doch:

Wer den Pfennig nicht ehrt,
ist den Taler nicht wehrt...?

Bio... Bio

Man kann nicht
mehr Bio
produzieren,
als uns die Natur
ermöglicht...
oder...?

...
Aber,
es ist vielmehr
Bio
zu kaufen...?

und teuer
ist's auch...?

Dabei
sind wir alle BIO
und
gelten als Geschenke...?

Nur mal so...

auf die Kleinen
kann man immer treten...?

Um auf Große
zu treten ...

sind
vielleicht...

die Füße zu klein...
die Beine zu kurz...
oder
die Köppe zu dick...?

Laut pfeift der Sturm
durchs ganze Haus...

Es knallen Fenster
und auch Türen...

Dies sieht nicht
nach Frieden aus...

Krieg scheint
hier zu führen...

die Natur gegen
Frevler Gewalten...

forciert deren Absturz schon
durch ganz enge Spalten...

und schließt die off'nen Türen...
es kann keiner mehr passieren...

Wild geworden ist
der Wind
wie ein unverstand'nes
Kind

und zeigt als Sturm nun seine Kraft
gegen den's nicht mal der Stärkste
schafft...

nicht einer und nicht viele mehr...
auch sie fliegen... kraftlos hin und
her...

als Spielball nur für Wind und Sturm
so hilflos wie manch' armer Wurm...

Kein Haltgebot könnt' ihn abhalten,
die Dächer knax zusammenfalten,

ganze Häuser stürzen lassen,
wie und was … ist nicht zu fassen,

haltlos Leben unter sich begruben…
presst Mensch und Tiere tief
in Fugen…

Der Welten-Sturm löscht einfach aus:
Pflanzen-, Tier- und Menschen-
Leben …   sogar mit Haus…

***

Nichts bleibt,
wenn die Natur aufräumt…
dann sind wohl:
 alle Träume ausgeträumt…?

Ob der Fisch weiß,

dass er im Wasser besser
leben kann,

… wenn er
vielleicht doch nicht
mit der Masse
ins Netz schwimmt?

… wenn er lieber nicht
zum Sonnenbad
an Land springt?

…vielleicht
sind es nur die Klugen,
die noch außerhalb
der Dosen geblieben sind…

und noch
frei schwimmen können?

Ein Fisch
gehört
nicht
in die Lüfte…
ein Vogel
nicht in Seen

dran hatt' der Mensch
wohl nicht gedacht…
drum ist's
um ihn geschehen…

in ihm ist auch die Gier erwacht
er bleibt nicht Mensch,
er will's nicht sein…

nicht natürlich… > so einfach <
nein,
teuer und teurer…
das ist so gemein…

Während
Fotografen

Fleiß
bildhaft festhalten,

kann sich derzeit
kein Fleißiger bewegen…

Werden
Fotos geschossen,

erstarrt auch der Fleiß
des Fleißigsten …

Wer sich

durch den Tag
schlagen muss,

braucht mehr
Kraft,

um nicht
zu unterliegen...

Es hat manchmal
den Anschein,
dass,
wenn man sich
dumm stellt,
doch irgendwie
klüger dran ist...?

„...das find` ich „in"

flüstert die
Käse-Kuchen-Königin

Es gibt viel zu wissen:

"WISSEN"
sind hohe Stufen,

mit Interesse leicht
mit Intelligenz leichter
mit Desinteresse kaum
mit Dummheit gar nicht

zu erklimmen...

       ... aber hohe Stufen
       und ganz viele...

       Oohhh...

Ich bin
mit 1022m pro Sekunde
mit meiner Welt unterwegs...

Alle anderen gleichermaßen
gleichzeitig an
jedem ihrer Orte, wo sie
sich grade auch befinden...
Keiner schneller,
Keiner langsamer...
Ob im Auto,
ob im Flugzeug,
ob mit Fahrrad
oder zu Fuß...
Ob im Rollstuhl
oder Kinderwagen
alle nimmt unsere Welt
in der gleichen Geschwindigkeit mit.

Niemand muss hierbei
eine Fahrkarte vorzeigen,
Fahrkarten gibt es nicht
zu kaufen...

Auch total egal
wie alt ich bin,
alle in der gleichen Geschwindigkeit
ohne Unterschiede...
"Du darfst" oder "du darfst nicht"
gibt es nicht...

Wenn ich daran denke
wird mir schwindelig...
1022 m pro Sekunde...

Die Welt dreht sich weiter
mit uns
in 1022m Geschwindigkeit pro
Sekunde

Opa mit seinem Krückstock
die Schnecke mit Haus
auch ohne Haus...
Auch unser Haus...
Krankenhaus
Schlösser
Burgen
Kirchen
Spinnennetze
Vogelnester
Berge, Täler und Flüsse
Bäume, Pflanzen und Mist Haufen
Alles reist mit unserer Welt
mit uns im gleichen Tempo...

Die Uhren schlagen
nicht eher
Punkt 12

auch Schmetterlinge
und andere mit Flügel sind dabei...
aber insgesamt

alle und alles

nicht schneller
als
1022m pro Sekunde...

Allein
ist niemand unterwegs...

Du nicht...
Ich nicht...
Alle werden wir mitgenommen...
noch... 1022 m pro Sekunde...

Das Licht
unter'm Scheffel...

zu was könnt` es da nütze sein...?

Vielleicht fällt's dir durch Überlegen
ein...

Wenn nicht,
dann ist es auch nicht schlimm...

dann stell' dein Licht
ganz einfach nicht

da drunten hin...

Punkt!

Wer steigt auf

… meinen
          fliegenden Teppich…?

egal wer was
unter'n Teppich kehrt…
Nichts bleibt liegen…   unversehrt…?

Überall wird drauf getreten
auch schimmelig werden so die
„Kneten"

- - - kein gutes Versteck
…und alles voll Dreck…

Was machst du,
wenn

du doch länger
leben darfst, als
die Gültigkeit
der Garantiezeit
deiner
Schönheits-OPs…?

Ein bischen Staub...
was macht das schon...
oder...?

sind es etwa Partikel
von deinen Vorfahren,

die prüfen sollen
wie es dir geht,
was du machst,
wie du mit ihnen umgehst...?

Staub stört, macht ständig Arbeit...
wie alles,
was zu Staub zerfällt...
wie der/die/das Alte
was der Staubwerdung
fortwährend
näher rückt...?

oder wie... ?

Wer weiß es...?

Amtsträger
haben auch schwer
zu schleppen...

Luxus
ist
flux us...

"na klar"
sagt Klara,
da steh' ich für....

Wer das Recht findet,
kann der es behalten…?

Oder muss er es zu dem
zurückbringen,
der es verloren hat…?

Wenn ihm aber
das Recht gehört,
dann
kann er es mit anderen
auch
teilen…?

Wer selbst etwas hat,
darf es… soll es… kann es…
auch teilen…

auch dann,
wenn es die erste gute Tat
seines Lebens wäre…

Für manche

ist

die Nacht

das Beste

vom

Tag...

Obwohl sie klein und so zerbrechlich
sind...
wagten sich die Samenkörner
in den Wind...

Der nahm sie mit
und ließ sie fliegen
irgendwo blieben sie
dann liegen...

Die Sonne schien
auf sie dann warm
bis zwischendurch der
frische Regen kam...

Auch die Zeit
ließ sie wachsen
und gedeihen

so haben wir
die Möglichkeit,
uns
an der gesamten Entwicklung
nun
zu erfreuen...

Musik des Lebens:

Die Biene, die summt...
Der Bär, der stets brummt...
Die Katze miaut...
Der Hund, der „wau" waut...
Die Ente, die gackert...
Die Ameise rackert

...und auch Ihr Vielen mehr,
            hört doch mal alle her:

Wundervoll wäre es...

wenn

die Weltsprache

"Lächeln"

wäre...

Das macht Hoffnung,
denn:
wenn „Lächeln“
die Weltsprache wird,

verheißen alle Muttersprachen

Frieden

Sicher ist aber,

dass
das Leben

so lange sicher ist
bis
der Tod
das Ende sichert...

und ...?

Am Ende
steht
wieder
ein neuer Anfang...

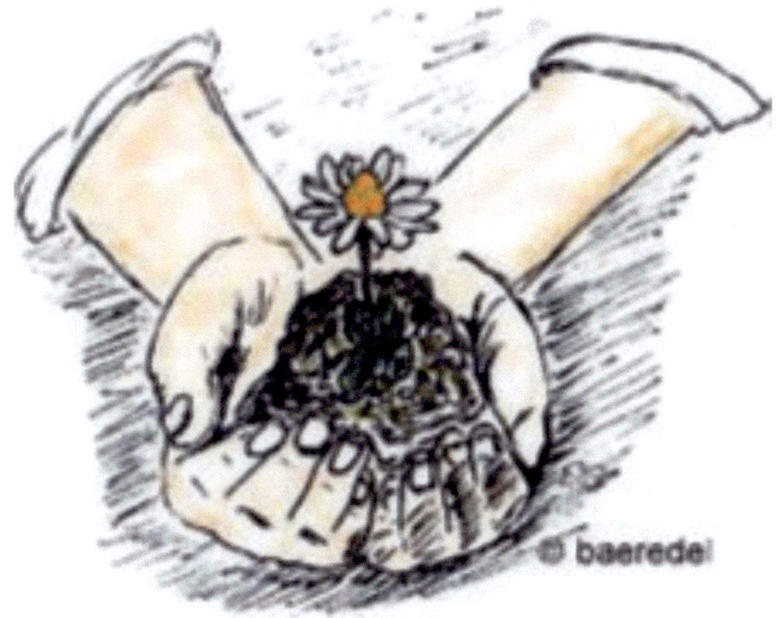

Was sagt der alte Vogel,
wenn seine jungen Vögelchen
alle weit hinaus
in die Welt fliegen…?

piep

… doch schon
ein Weilchen später heißt es:
bei dem piepst es wohl

Denn immer wieder
hört man ihn rufen:

piep

…*piep* heißt:

„Alles Gute, Kinder!"

…ach, der alte Vogel
vergisst…
seine Kinder?
nie… nie… nie

piep* - *piep* - *piep
„Alles Gute, Kinder"

Ein jeder

trägt sein Köfferchen

selbst…

in seinem Leben

Niemand nimmt ihm etwas ab,

je mehr ihn auch umgeben…

von der Wiege bis zur Bahre

hat jeder seine Uhr,

die Zeit, sowie auch Stand,

ihm tickt,

doch alles

einmal nur…!

Man weiß nicht

was ins Köfferchen vom Schicksal
eingesackt…

du musst es dennoch tragen, bis du es
ausgepackt…

und jeden Tag find'st du erneut

Überraschungen darin…

Manches hat dich nicht erfreut

doch am Ende hat es Sinn…

und stetig wird dein Köfferchen

leichter als es war…

denn

nichts bleibt wie es einmal ist

nicht mal der schwerste Koffer gar…

Die Zeit geht mit den Tagen

nie kommt sie mehr zurück

und leichter ohne Fragen

wird das Köfferchen zum Glück.

Bei manchen hat das Köfferchen

viele Jahr' gehalten

dann zählten ihre Lastenträger

auch zu den „ganz Alten"…

Und ist das Köfferchen ganz leer

dann ist am End' auch nichts mehr schwer…

Erst wenn
Blumen in den Köfferchen wachsen dürfen,
haben die Köfferchen-Träger
vielleicht ihre Ruhe gefunden…?

Freude

macht alles leichter...

Freuden sind

wie

Hilfs - Rollen

für

schwer zu tragende

„Köfferchen...“

BAEREDEL - BUCH
Ein Jeder trägt
sein
Köfferchen...
mit der ihm
eig'nen Uhr...
- ZEIT – AUS – LESE -

Wir müssen unser Köfferchen selbst tragen, es ist mit der Last beladen, die das Schicksal für jeden von uns bestimmt hat. Wie lang unser Lebensweg ist und wie lange wir unser Köfferchen zu tragen haben, das kann uns keiner sagen...

So müssen wir auch in der Gemeinschaft daran denken, dass jeder „seine Last" mit sich herumschleppt und die auch kein anderer tragen kann...

Wir sind abgeschlafft, die anderen aber vielleicht auch...

Bei Sportübungen lernt man:
Muskeln anspannen und...
wieder entspannen... usw.

Deshalb ist es wichtig, um die eigenen Ressourcen nicht zu strapazieren, wenn das Köfferchen mal zu schwer ist, dass man daran denkt, es auch mal abzusetzen oder auch vielleicht mal den Inhalt zu überprüfen;

Zu überdenken, ob vielleicht doch dies oder jenes die Last erleichtern kann…?

So wie die Sonne uns nicht durchgehend 24 Stunden den Tag erhellt oder anders herum die Nacht uns nicht 24 Stunden in Dunkelheit versteckt, so können wir auch als Lastenträger zwischendurch pausieren, uns Ruhe und Erholung gönnen…

Gerne tragen wir dann sicherlich unser Köfferchen weiter…

Weil…, ja weil es auch gar nicht anders geht.

Es kann kein anderer für dich lernen, damit du klug und weise bist.

Es kann niemand für dich Abitur machen, damit du ein gutes Zeugnis bekommst…

Es kann niemand für dich trinken, damit du genug Flüssigkeit aufnimmst…

Es kann auch kein anderer für dich essen, damit du satt wirst…

Ebenso im Gesundheitsfall,

wenn du zum Beispiel Husten hast, kann ebenso kein anderer Hustensaft einnehmen, damit dein Husten sich löst und es dir besser geht...

Schmerzen, Knochenbrüche, Operationen, Unfälle, Sonstiges... alles bleibt drin in deinem Köfferchen

und viele andere kleine Beispiele, die ebenso ganz banal sind, gibt es, die ich aber hier nicht mehr weiter

aufführen will...

Alles in Allem :

**Wir tragen jeder
unser eigenes Köfferchen
in der uns geschenkten Zeit**

weil auch, damit

wir weiterleben…
niemand
für uns sterben kann…

… das gehört alles zu unserer

eigenen Welt
bis zu unserem eigenen
persönlichen „Weltuntergang".

…und das alles beinhaltet auch
unser Köfferchen…

Aber echte Freude und herzliches Lachen können dazu beitragen, das Leben und schwere Köfferchen leichter zu machen…

Mit diesem Büchlein möchte ich erreichen, dass die Köfferchen, die zu schwer sind, etwas leichter werden können, weil bereits das Bewusstsein dafür einiges an Last auch wegnehmen kann…

Vergesst dabei bitte nicht,
dass
Alles „seine" Zeit hat

Ich wünsche Allen
EINE GUTE ZEIT
Weil Zeit einmalig ist!

mit herzlichem Gruß

Baeredel